I0374494

www.ingramcontent.com/pod-product-compliance
Lightning Source LLC
Chambersburg PA
CBHW030254100526
44590CB00012B/401
* 9 7 8 1 9 1 4 9 4 0 0 7 1 *

برگ خاکستری،
جوانهٔ سبز

مجموعه اشعار کوتاه
۱۳۶۴ - ۱۳۶۳

تجلی کشاورز

چاپ اول: ژانویه ۲۰۲۵ (دی ۱۴۰۳)
کلیه حقوق برای نویسنده محفوظ است. ©

First Edition: January 2025
Tajalli Keshavarz
tajalli.keshavarz@gmail.com

ISBN: 978-1-914940-07-1

طراحی و چاپ: انتشارات پژواک پارسه (لندن) ۲۰۲۵
Persian Echo

میخواهد
باد بیاید
میخواهد
موج
تو میدانی
پرنده ای
روی ماسه ها
راه رفته است

به ژیلا

پیشگفتار

با پدیدهٔ زمان در ذهنم نشستها دارم. همنشینی ما گاه پر شور و گاه بی رمق است. زمان هر بار به شکلی حاضر میشود. در این لحظه که به نوشتن این خطوط نشسته ام، در مقابلم ایستاده، انگار دست بر چانه گذاشته و با حالت ای مهربان و در عین حال دلسوزانه بمن نگاه میکند. مثل دوست ای که سالهاست مرا میشناسد و با من سر کرده، خندیده و قهر کرده و حالا در توبره ای که از خودش آویزان است، یادهای مرا بدوش کشیده و میخواهد در میان بگذارد. سعی میکنم که به او بی توجهی کنم ولی امکان ندارد. بارها به فلسفه پناه بردم و گفتم زمان وجود ندارد، زمان را ما می آفرینیم و الّا چیست وقتی که چشمم را بهم میگذارم و خیالاتم را به عمقِ یک ذرهٔ نور میکِشَم، یا به تصویری از کهکشانی که فلان تلسکوپ نشانم میدهد؟ اما خیالاتم برمیگردند به آن روز در خیابانی در شیراز وقتی که با گلدانِ کوچکی از لاله در دستم، راه میرفتم سالها پیش. و زمان ایستاده در مقابلم میگوید آهان مچت را گرفتم دیدی که نمیتوانی مرا انکار کنی؟

و انگار این دفترچه ای که حالا روبروی توست، نشان ای است از زمان و بی زمانی. اینکه اشعار این مجموعه نزدیک به چهل سال گذشته سروده شدند و اکنون برای اولین بار در مقابل تو قرار دارند. اما برای تو، دیدن این دفترچه، یک لحظه است، پس کدام زمان آنجا که چهل در نقطه ای، صفر، خلاصه میشود؟

زمان این بار تصویرهای چهل سال را که در توبره اش به زبانِ چکامه روی هم انباشته بود به خونم یادآور شد. و خونم جریانِ ملتهبش را به کاغذ سپرد. این چکامه ها ابرازات یکسال از چند سالِ بی تابی است که صدای قدمهای مرا دارند در کوچه ها و خیابانهای بیگانه، از یک بیگانگی به بیگانگی دیگر. از آنجا که برگ گیاهانش همخونِ خاکستر اند تا به آنجا

که کوچه های تنگِ پیچ در پیچ اش با درختانِ آشنا و برگهای سبز هرچند آشنا تر اما همچنان بیگانه با ذهن من زمان را از سنگ ماندنش به مِه رفتن اش ترغیب میکنند.

و این جُنگ، تاریخ ذهن منست که در بطن شهر های بیگانه با ساختنِ هاشورهای صمیمی از پرنده و گیاه، آتش و آب مدد خواستم تا که دانستم بیگانگی در من است از من. پس به جستجوی من، التهابِ لحظه ها مفهوم شد نه اینکه التیام ای باشد اما گشایشی در سیر ای که عمقِ زمان را نفی نه، بلکه میشناسد در بودن و نبودنش.

و در این دفتر، با زمان، اشعار یکسال از چهل سالِ رفته را با تو در میان میگذارم. و این برایم راز ای است که چطور این خطوط سالها صبر کردند تا اکنون که خود را بدینسان ابراز کنند.

تجلی

tajalli.keshavarz@gmail.com

Instagram: Tajalli.Keshavarz

فروتنیِ خاک
در من
که پاهایم
از شتاب
فراری اند
آهسته.
این سکوت
نبظم را
به تو میرسانَد
هرچند
باد باشی

گُل
گُل است
وقتیکه
غنچه
در باران
می نشیند
گُل
گُل است
وقتیکه
با
بادهای تند
میرود
من
در کنارِ ابر
من بودم.
در این هجومِ
نَفَسها
و
حرفها
کجاست
من؟

سه طرف
دیوار
یکطرف
پنجره
و پشتِ پنجره
تو میدانی که چیست
وقتِ
شکفتنِ
گلهاست
از درونِ
جمجمه ام

دعوتِ
ابرها
در کششِ خاک
گم میشود
جائیکه پنجره ها را
آجر گرفته اند
و چشمها
معطوف
به
خاکستر اند
فقط
نکتۀ پلک نیست
میدانی؟

یک نگاه
به ماه
یک نگاه
به یاس
و با این نسیم
لحظه
کامل است

اگر
به بویِ یاس
زنده ای
به بالکنِ کوچک
بیا
که ماهِ گِرد
در هاشورِ ابرها
محو میشود
و از بالکنِ
باریک
بوی
همیشه بودن
میدانم
تا ماه
میرود

ماه
زرد است
و
سفید
ستاره ها
نقره ای
ماه
نزدیک است
ستاره ها
دور.
در این لحظۀ
کامل
چه احتیاج به
پرگار است؟

بوی یاس
به اطاق
نیامد
به بالکن رفتم
در شب
ماه
گِرد بود
بوی یاس
نرم و منحنی
با سبزهای شب
دِه ای
در من
بیدار شد

یگانگیِ
سبزهای
شب
و صدای
سیرسیرکها
راز ای است
که
در ماه
نشسته است
در انتظارِ
ریزشِ
ماه
تا صبح
ماندم
ماه
در
نور
باز شد
راز
در
کنارم

هر نفسم
مسئله ای است
هر شکلِ هندسی
موجود ای غریب.
و نهالِ جوان
ناگهان
گل داد
اما من هنوز
روبروی
کاغذِ سفید
فکر میکنم

تلاشِ
تمامِ روز
جستجویِ
شب بود
وقتی شب آمد
خوابیده بودم

در این خیابان
همیشه
شعر میریزد
پیوندِ
دوُرِ
کودکی ام
با این مسیرِ
غریب
چیست؟

من
ناتوانم
از نشستن
در قرنِ
صندلیها
من
اهلِ
شهرِ
راه رفتنم
که
در ابر
جاری است
با اینهمه
گیج
ایستاده ام

باغچه
آشفته است
و باد
سراسیمه
در این
تدریج
ناگهان
تصویرِ من
کنارِ
شاخه های
شکسته
عریان است

وقت ای
برای شعر بگذار
وقت ای
برای
باران
در این
کنارِ
نور
که
محزون
نشسته ای

گلدانِ
ساکت
در
شب
خشک
از حزن اش گفت
و
از رَنگ
رفت

شورش ای
در باد هست
اعتراض ای
در من
باد
میگذرد
شاخه ها
شکسته اند
و من
خاموش
نشسته ام

باغچه
در ایوان
خشک است
و گلها
ساکت
از من
دور میشوند
پوستِ دستم
یادگارِ
گلبرگهاست
وقتیکه
ریختند

برگها
خاکی اند
و باران
دوُر
من
این فضای مأیوس را
به باد
میدهم

پرنده
بال میزند
و
پیر میشود
چه نمایشی
در هواست

ساقهٔ علفی
در زنجیرِ خود
پیچیده
بالا میرود
فریادِ برگ
در کنارِ ساقه ها
نجوای
پیچیده
در خود است

در خوابهای
خون
پرنده
حاضر است
و
مکثِ
نگاهم
توقف نیست.
این خوابهای
راز
فرار ای است
از
منطقِ
خطوط

آخرین
بوی گُل
در فصل ای
که
میرود
در این شب
که
پرنده
پیدا نیست
آخرین
گُل
از جوهرِ گیاه
در این شبِ
بی پرنده
نفس کشید
و حزنم
در شب
تنها
ناظر بود

باران
ریخت
و من
خواب بودم
این خوابهای افسرده را
باران
نخواهد برد؟

در برابرِ
آخرین
بوی گل
توانِ حرفم
نیست
اما گُل
آخرین
حرفش را زد
و
از کنارۀ
گلبرگ‌ها
گریخت

پوستهٔ
خشکِ
رَنگ
بر قابِ
پنجره
رَنگ هم
از قاب
میگریزد

این
دانه های خشک
یادگارِ
علفی است
آفتاب
هرچه بریزد
ابر میسازد
و
باران.
فصلِ مرطوبِ
ساقه های
علفی
انقطاع
نمیداند

فصلِ
برگهای
خشک
میرسد
در تداومِ
گیاه بودن
جوانه
اثبات ای
نیست

کنارِ یاس
ایستادم
بَعد از
حضورِ بو
حالا
گذشتن است
با
گیجیِ
حضور

باد است
و
طغیان.
قاطعیتِ
ساقهٔ علفی
در باد
نمی شکند
در فصلِ باد
گلهای نرم
دانه شدند

ابرازِ
شاخه ها
در زیرِ برف
جوانه ای است
در بهار
این را
تو میدانستی
نه من!

در این بیابان
میدوم
و غروب میشود
شاید
به آفتاب
برسم

نفس کشیدن
کنارِ گُل
نفس کشیدن
با گُل
نفس کشیدنِ
گُل
و اینجا
چمن ها
از آب پاشِ برقی
خیس میشوند
که
ماهرانه
تنظیم
شده است

وقت ای گذشت
بر
ساقهٔ شقایق
وقت ای گذشت
بر
برگِ منحنی
اما
فروغِ گلبرگ
یک نورِ تند بود
یک روزِ
پُر شتاب

با یادِ فروغ

شاخهٔ ارغوان
ساکت است
شاخهٔ ارغوان
حرفی دارد
گوشهای من
در هیاهو
با قدمهایم
میگذرند

من
در کدام بُعد
راهی ام؟
قدمهایم
بر راههای
شاخه هاست
و حرفهام
با برگ و باد
اما
در این عبور
آن خانه های خالی
از هیئتِ گیاه
حاضرند
پرواز
لازم است.
"با لحظه هائی
از نور
در منقارِ یک پرنده"
قانع نمیشوم

در خانه های
خاک
بفکرِ پروازم
برشاخه های
دور
در اندیشۀ
زمین.
آشوبِ
داخلی است
و
بی بال
بر شاخه های دور
در باد
نشسته ام

ساقهٔ جنوبی
زیرِ
زردِ
طلوع.
باد
ملایم است
و
وقتِ
رفتن

بوی
چوبهای
سوخته
در آستانهٔ
رفتن

عبور
از کنارِ
انجیرهای کال
و
انارهای
نارس
کوچه های این شهر
یادهای
شهرِ
دیگرند

شعله های
کاغذ
شعله های
خط میشود
خون من
در آتش
نمی خشکد

اصلِ
جاريِ
خط ای است
که
مانده است
و
میمانَد

از کنارِ
انجیر
و
لوبیاها
هر روز
میگذرم
امروز
گربۀ کوچک ای
پهلوی انجیر
نشسته است

اینبار
عبورِ من
یادِ
دیگر ای است

خداحافظیِ
انجیرها
با من
گربۀ کوچک ای بود
که زیرِ
نورِ
صبح
روی
داربستِ
چوبی
نشسته بود
یکدسته گُل
بهنگامِ
رفتن

از پسِ
آن ابرهای
هم صحبت
نورِ آفتاب
فقط
بر یک درخت
در این باد
میتابد

ریشه
در
گلدان
بی انتهاست
برگ
در
باد.
سبز ای
که
شکل ندارد
رَنگ ای
که
رَنگ
در ابرازِ دائم
رَنگ به رَنگ
میشود

موهای
نازکِ
سفید
و آن هیکلِ
کوچک
کنارِ
باغچه ای
که رفت
رفت.
حوضِ کوچک
و
دستهای
پیر
و
ماهیهای سرخ.
این لحظۀ آهنگ
لحظۀ
تست
و
یاد ای که مدتها
اشک نبود

قطره
در
تار عنکبوت!
تلاشِ فرار
نیست
با آرامشِ
تبخیر
یا
هراسِ
ریزش

در بیگانگیِ
خواب
و
بیداری
آنچه
در خواب دیده ام
یا
آنچه
خواب
دیده است؟

آفتاب
آمد
گل ای
باز شد
گل ای
بست
گل ای
که باز شد
در آفتاب
امروز
پژمرد
در
آفتاب

باران میریزد
به
نیلوفر
من میریزم
به
خود
در ریزشِ من
خود
میرود
تا
تو
"من"
پشتِ حصیرِ قرون
می ایستد
نگاه کن
از پشتِ
حصیر
یا
حصیر را
بسوزان

در این غروبِ
سازگار
نه سلطهٔ
غم است
نه حکومتِ
شادی
با آرامشِ
نسیم
و
گُلهای
صورتی
راه میروم

بدنبال نور بودن
غبار ای است
آنجا که
بخار
نور است
بی هیچ
آرزوئی

شعرِ بیگاه
ناگهان
در لحظه
زیستش را
در لحظه
فرو ریخت
این حیرتِ
هنوز
در من
شکفته شد

یک دشتِ کوچک
در میانِ شهر
جائیکه
خورشید هست
چندین
چنارِ قدیمی
جائیکه
برگِ خشک.
زیستن
فراهم است

هوای
بیتاب
به هاشورِ
مقطع
راضی نیست
در انقطاعِ
باران
بیتابیِ هواست
بیتابیِ هوا
سیلابِ
قطعی است

باران
به برگ میزند
در باد
و
به من
که
در اطاق
نشسته ام
که
در زیرِ باران
راه رفته ام
خشک.
در پشتِ شیشه
باران میریزد
و من
در این اطاق
از قطره ها
خیس ام

نگاه
به آینه ای
نه
آنسوی من
نه
آنسوی نور
آینهٔ
بی قاب
بی
نگاهِ من
حرفی
تازه دارد؟

پرنده
باران است
و باران
حضورِ شعر
هر خطی از کلام
نور ای به شب کشید
منظور
خورشید بود
در کلام

شعر ای
برواني باران
بعد از اشارهٔ خاک
حرفی
به تداومِ قطره
بعد از تفاهمِ سنگ
در لابلای برگها
جاری است

سکوتِ
شبانۀ
گیلاس
نفی شکوفه ها نیست
در پائیزِ جنوبی
نوروز است
و پروانه
در تقاطعِ شاخه ها
بوی بهار
میدهد

اگرچه در دوُر
نور هست
بی فاصله
اگرچه پائیز
نوروز
با منست
و
در تو
حرفی بزن
که
از سرب
بگذرد

با من
نشسته ای
نگاهت
در هواست
و عصاره ات
مِهرِ ملایم
با
نسیمِ جنوبی
از
گذشتهٔ شمالی
در خونم
مخلوط میشود

بی توجه
به پائیز
بهار
گل داده است
در پائیز
کنار شاخه های
جنوبی
بوی بهار
در پائیز
بی واهمه ای
میپیچد
برگهای
صمغِ
زَرد و سرخ
در باد
خاکستری ترند
شکوفه های لیمو
اما
بی وقفه ای
باز میشوند

حرکتِ برگ
روی خورشید
در این طلوع
رشدِ
برگ است
و
من.
یک نقطۀ
آگاهی
باغ ای
از نور میشود

نقاشیِ
نگاهم
از تو
در آبیِ سفید
طرحی بر هوا
که با باد
مأنوس است
و تو
میدانی

برگِ سبز
در
نورِ زرد
آرام است
باد
چه می‌خواهد؟

زردیِ علف
در صبح
خشکی نیست
این طراوتِ زرد
حرفی از نور دارد
و شبنم

هر خطی
از نور
آتش ای است
هر دانه نور
ضربه ای
صورت
بهانه ای است
اما
بهانه
زیست میکند
و گهگاه
عاصی است
محتاجِ
خط
و
دانه ها

بهارِ
ابهام
بعد از
تلاطمِ
تضاد
فصلِ
دیگر ای است
از من بودن
بگذار
برگهای جنوبی
از پائیز بگویند
ابهامِ من
پائیز
یا
بهار
نیست
پائیز و بهار
است

برگهای
خاکستری
در پائیزِ
جنوبی
از بهار
نمیکاهد
بهار
صریح است
در من.
ابهام در من
با بهارِ صریح
ابهام ای است

طلوعِ
شعرهایم
طلوع و غروب
نمیشناسد
هماهنگ
با خورشید
ناگهان است
در لحظه های
بی امان

ماسه های
اخلاقی
به دستهای
شرمگین
میچسبند
در دستهای خشکِ من
باد
لانه میکند
ماسه های
بی صفت
عریان
ساحل را
در باد
میشناسند

خالی
از پرنده
خالی
از شعر
تبعیدیِ
هراس
بر روی نیمکت
نشسته ام
خورشیدِ صبح
با درختهاست
روزِ گرم ای
میشود
اما درختها
با خورشیدند

پرنده های
آماده
پائیز را
میدانند
و پروازشان
در پسِ تصویب
نیست
در این میدان
نشسته ام
با نیمکتهای
خالی
و
چمن
و
ریزشِ برگها
فقط
پرنده ها
نفس میکشند
۳

انفجارِ سؤال
در فضا
کدام حقیقت؟
حضور
در انفجارِ منظومه ها
یا
باز شدنِ گُل
وقتیکه باد
در برگها بود؟

یکسال رشد
با
ساقهٔ علفی
حالا
رشدِ
دیگر ای است
در
جدائی.
با دستهایم
در باغچهٔ دیگر
خداحافظی کاشتم
و در بالکنِ
باریک
ابرهای همه رنگ
باستقبالم
آمده اند
و بعد از این
رعد و برق
میبارند

نوروز
با دستهایم
در باغچه ای نشست
که بهار را
در پائیز
بشناسد
و ساقهٔ علفی
خونِ باستانی اش را
به شرکت گذاشت

تو
آنجا بودی
و تو
و
تو

شب میشود
در ایوانِ باریک ام
اثری
از
پرنده نیست
پرنده هنوز
بر شاخۀ آنطرف
مینشیند

هر دانه
راز ای است
یک خوشه:
یگانگی
در ادغامِ سرخ
تفاوتِ
آب است
با
شراب.
از خطِ خورشید
تا
نورِ شعله:
از خوشه
تا
ریزشِ شراب
صبر
در منست
که
در نور
جاری است

من
در ایوان
پرنده
بر شاخهٔ
دور
از خانه میروم
تا
زمینِ دیگر
جائیکه پرنده
شاخه ای
جز درختِ خانه ام
نداند

یا من
خانه ای
جز شاخه ها

احساسِ
رفتن
با
رفتنِ بهار
رفت
حیرانیِ رفتن
با آنکس است
که در آن بهار
ماند

پرنده
بر شاخه
نشست
برگ
بر زمین
نگاهم هنوز
سؤال را
نِشَسته
نمیفهمد

فاصلهٔ
طویلِ
خطوط
آرامشی ندارد
در فضای
نیازم
در هر کلام
آشوبی است
تفاوت را
پرنده ای میداند
که عازمِ
اولین پرواز است

من
در حصارِ
پرنده های
بی پروازم
در شبهای
گرمِ
پر صدا
بی هیچ صدائی
از
پرنده ها.
توقف
با خیالِ
بال
مانده است
حتی اگر
خزیدن است
من
در نیازِ جنبش.
زمان ای است
رفته ام

جائی که
ابر
آسمان است
ابرازِ ابر
گُلِ
آبیِ
کوچک ای است
کنارِ آب

من
با شاخه های باد
با ابر
آبی میشوم

باد
ساقهٔ علفی
و
آنچه در من است
در باد.
ساقهٔ سراسیمه
در باد
یا
از باد؟
این باد
یاغی است
این ساقه
در شب
به بیابان
چه می‌کند؟

سر راهم
هر روز
بوتهٔ
گوجه فرنگی
در شکافِ سیمان

و
حیاط ای سبز
از
چمن.
پرنده
روی سیم
نشسته است

آشتی با مرگ
در زردِ آرام
بچه ها
در غروبِ تعطیل
میدوند

پائیز
در خود
نشسته است

جوانه های
فلفل
در گلدانِ بزرگتر
خشکید
ریشه هایش
به کود
رسیده بودند
فلفلِ پیر
تمامِ زمستان را
در گلدانِ بی کود
صبر کرده بود
تا
جوانه

تفاهمِ
رفتن
در لحظۀ
ماندن
درکِ
تداومِ
بودن
با این گذشتنِ روشن
رمزِ
غروبِ
امسال است
که در پائیز
به بهار
شک ندارد

حیاط
از بچه ها
خالی شد
سیر سیرکها
آمدند
و من
بعد از گذشتنِ
آن فصل
با خودم
حرف زدم

جشن
غروبِ
کلاغهاست
به پائیز
کلاغها
با آنهمه نشستن
در گردو
مرا
نمیشناسند
در لای شاخه ها
لانه ام
همیشگی است

از شعله ای
که میبینم
تا شعله ای
که ناپدید
خاکستر
آتش است
با شعله هائی
که من
نمیبینم

پرنده
از درخت
ریخت
بی لرزش ای
در آب
بی وقفه ای
در باد
پروازِ پرنده
باد بود
در قابِ شاخه ها
گفتگوی آب

پروانه ها
در باد
و مرگ
بر آجر
با هجومِ
پرنده ها.
مرگ در آفتاب
دور از
آتش
با طپشِ پروانه
چه میکند؟

نسیم
بر بالهایم
موازی است
بی دیدن.
میدانم
گوشه ای
غروب میشود
در دشتِ بازِ آزاد
من
این پرندهٔ کورم
که مرهم ام
بر شاخه ای
است
در گوشه ای
از دشت

در این ماهِ
جوابهای
چسبنده
حرف از پرنده
تحریفِ
بادبادک است
در این ماهِ
تاریخیِ
تکرارهای نو
فقط
بادبادکی از کاغذ و سریش
فانوس میبَرَد

حاشیهٔ سرخ
تسلیمِ
سفیدی است
از خود
هر صبح.
هر صبح
حاشیهٔ سرخ
بی تکرار ای
جوانه می‌زند

پرنده ها
بر بالای شاخه ها
باز شده اند
بین پرنده ها
و ساقه
سکوتی است
و باد
از روی
آبهای دور
تا بالای
شاخه ها
میوَزد

ماهِ فنجانهای
صورتی
و
دیوارهای
صورتی
خودش را
با ابرازِ قدیمی
تکرار کرد
نقاهتِ ابراز
باستقبالِ
سالِ دیگر میرود
مضروب
در گیجیِ حادثه
خاموشم

گردشِ پاهایم
از خیابانها
به خود
کشیده
تا صبح
در خودم
راه رفتم
بوی
اقاقی های جنوبی
من را
به خود
میخوانَد
از اشتیاقِ رهائی
خود را
به زندان
کشیده ام

در جَنگِ
تعدادِ روزها
در هر شمارشم
روز ای
گذشته است
وقتیکه میشمارم
یک "من"
گذشتنی است
بی هر شمارشی
یک روز
رفتنی

برگِ
نیم سرخ
موی
نیم سفید
اما بهار
فقط
پشت برگهای ریخته
جوانه میزد
در خاک

حیاطِ دهکده
با
یک درخت
و
یک فرش
خلوت مانده است
فصل
رفته
خورشید
دیر نکرد
زمان را
چرخاند
تو
نفهمیدی

قطره های
شور
در
شیر
کدام بیگانگی
در این ده غریب
وقتیکه
دست
و کاسهٔ گلی
با هم
نگاه اند

به هاتف

سایه ای
از کاروان
و صفحه ای
از کاهگل
در بیابان
خط ای
که در گچ
بیتاب بود
و
فریادی کشید
صبحِ دیگر
کاروان
میرود
بی شتاب
مردی
بیتاب
کنارِ
صفحِۀ کاهگل
میماندَ

به عراق

آتش ای دارم
جائی
که با هوا
نمیسوزد
سی و شش تارِ آتش
و حزن ای
که ساکت نیست
هر لحظه
فریادی دیگر است
جائی
که در هوا
پخش نمیشود

در زمانِ
تحریفِ
هوا
زیسته ام
با حزنی
در
پوستم
و فریادی
در
رگهایم
رگهای من
از میانِ شما
میگذرد
و خونم
در مسیرهای باز
جاری است

در حاشیۀ مَردم
راه رفته ام
در این
حاشیه
پایم
میلرزد
نرگسهای ناگهانِ
امسال
نیم زنده
در آب
با نگاه من
زمزمه میکنند

دشتِ پائیز
گسترده تا صمغ
ساکت
من با نور
در این غروب
آشنایم
هیچ دهقان ای
در دشت
نیست

دستم
رسید به تصویر
خط
رفت
سپیدار
در باد بود
و دستم
بر
صفحهٔ
سفید

ستاره ها
و
دانه های
شن
و
وجود من
که
ارتباط ای است
در این شبِ
بی ماه
در این زمانِ
ماه سازی
سؤالِ
روشن ای است

تکانِ شاخه ها
از
پرنده است
یا
از باد؟
آن درختِ
بی پرنده
در صبحِ خاکستری
نه
به باد
فکر میکند
نه
به پرنده
برگهاش
با خاکستری
آرام اند

ی هیچ خستگی
حزنم
همیشگی است
در این تحرکِ
مربوط
شاکی
نمانده است
غوغای اعتراض
مفهومِ دیگر ای است

من
ریخته در خود
رازِ گُل ای را میپرسم
که
باز شد
ساقه ای
که
فریادش را
ریشه کرد
شکوفه ای
که
در باد ماند
تا
میوه ای
در فصلِ دور
من
ریخته در خود
گاهی
فرا می‌آیم

در امتدادِ
فصول
خارج از
فصول
در این زمانِ
فشرده
با ابر
من
حضورِ پرسش ام
در
گذرِ
مدام

خونم
ناراحت است
در من.
عصیانِ باد
به من گفت
آرام.

عاصیِ
مدام
باد
با خودش
آشناست
و انگار
با من

کجا آرامم؟
خیال ای
در خانه های
دهکده
به من میخندد
شعله
در مشعل
شعله
در اجاق
بی تابی اش را
زبانه دارد
خونم
به هر گوشه
عصارهٔ آتش
میسازد

من
هست
من
هست
و
جدال.
شهامتِ نبودن
نیست
اشتیاقِ فنا
گوهرانه
ایستاده
زخم ای ندارد
خود
زخم است

پاهای
نا آشنا
به
راه رفتن
و یکباره
برگهای ریخته هم
میخوانند
بی صدای پاها
زمانِ
رقص است

چه گفتن ای
در سرای بیابان؟
صدای تو
در برگ
لانه میکند
وقتیکه
برگها میسوزند
همه جا
خانهٔ
صدای
توست
صدایت
در گذر است

صبحِ
معمولی
و تختِ
دیشب
پنجرۀ
بعد از زمستان
تا
بهارِ بَعد
بهارِ ساعت.
در این بحثِ
افقی
تنها راهِ
عمودی
نگاهِ منست
و
فصلِ
من

در سایه های شبنم
نور است
نسلِ خورشید
میبارد
و باران
بر برگهای
بی هدف.
در خانه های برگ
ساده
نور ای
نشسته است

دَرد ای
که حرفِ راز است
با من
بهانه دارد
اما
چه آشناست
هر لحظه
حاضر است
بی هیچ مدرکی

ابر ای
رسیده بود
شاید
بر لحظۀ
یقین
بارانِ
بی حساب
در شستشوی شاید
خود را
فقط
نمود

ابر
در حاشیهٔ
منقلب
به لحظهٔ
بی برگشت
رسید
در لحظهٔ یقین
باران
نمیتوانست
نریزد

فرار
به باران
سکوت را
در من
میشناسد

با ابر
به باران
میریزم
سکوتِ
جاری

ماه را
خوانده ام
به چشمهایم
باد را
بید
خوانده است
به برگهایش
بید
دیوانه بود
بید
دیوانه
جاری

در بندِ انتخاب
شک
در هر انگشتم
راه‌ای است
هر انگشت
بند‌ای.
مشتِ
همراز
یگانه
آزاد است

ابرازِ برگ
به باد
در کنارۀ او بود
ابرازِ برگ
به نور
در رنگش
پریشان
برگ در باد
برگ بود
رنگ در نور
رنگ
من
در شتابِ آهن
آیا
ابرازِ جاری ام؟

شاخه
در نوارِ سَحر
سیاه است
با جوانه ای
که
نمیبینی
رازِ شاخه ها
فاش است
در این شب
که
نمیدانی
شاخه
در سَحر
ناشناس
با باد
میگذرد

زمان را
رنگ میزنی
کنارِ
پنجره
رَنگ
بر قابِ
پنجره
مدتهاست
پوستهٔ رفتن را
کشیده است

تو
قطره ای شدی
با
یادهایم
و
در این آهنگ
بازهم
به خونم
ریختی

ستاره
شب را
بودنِ خودش گرفت
که با نور
میرفت
بی ضربه های
صبح
ستاره و
شب را
نه ستاره
میدانست
نه من

با تو
چه بگویم
در این تکرار؟
خواهشِ من
هنوز
ناتوان است
و غرورت
عظیم.
مِهر
در آستین داری
و ناگاه
ابر میشود
خواهشِ نابالغم
کوتاهتر
از ابر است
ابری که
جوانهٔ انگشتانت
نیست
و دستهایت
آنسوی ابرها
گریبانِ آستین را
میفشرد

سه سال
و تفاوتِ
آرامش
با ساقه
حرفی دارم
که در آوندهایش
جاری است
حاشیهٔ برگ
تیغ
بر رگهای منست
حرفِ
گیاه

انقلابِ
عشق
در آسمانِ
آرام
در آبیِ
پایدارت
یک پرنده
لحظه ای است.
آشوبِ پرها
چه منحنیِ سپید ای
بر آبی
کشیده است

صدای باران
مرا
به ایوان خواند
در ابر.
به جستجویِ صدا
بارانم
و
صدا

در ایوانِ
باران
چند پرنده
برای نگاه
نشستند
با پرنده ها
تبادلِ حزن
میکنم
باران
میزبانِ
ماست

باران آمد
و گفتم
ابر
تسلیم شد
با دستهایم
نرمیِ باد
آشناست
خواهشِ ابر
میریزد

میخواهد
باد بیاید
میخواهد
موج
تو میدانی
پرنده ای
روی ماسه ها
راه رفته است

رها
از آخرین ها
در این طلوع
به شاخه های
تاریک
نگاه میکنم

بعد از
آنهمه تدریج
ناگهان
از این شهر
میروم
رها
از آخرین
نگاه

طلوعِ شور
با صدای پرنده ای
برگهای مو
میریزند
و برگهای
همیشه خاکستری
در بادِ صبح
فردا هم
در باد اند
تو
خوابیده ای
خوابت
بیداری است
و با این
طلوعِ شور
چند سالِ
مِهر
چند سال
در من است

زیرِ برگهای خاکستری
نشسته ای
من
کنارِ جوانه های
شمالی
انفجارِ
سبزم
در دلم
نشستِ
خاکستر.
آبهای شور
آتش اند
از من
هر قطره آتش
با یادِ توست
که
خاکستریهای لرزان را
با مِهر
نگاه میکنی

آزاد
نقشِ شاخه
در آب
می‌لرزد
شاخه
لرزان است؟
نقش؟
یا
آب؟

ذهنِ
این شهر
با سیمان
خاموش است
برای من
درهر چهار راه
سپیدار ای است
در هر خیابان
ردیف بید

سکوتِ
قدمهایم
تنها
با باد
میخوانَد
یادهایم
کنارِ رود
منتظرند

صدای
دور
صدای
حزن
صدای
آتش
کسی
در بیابانِ
سبز
با صدایت
در خود
سرخ میشود

سیمان ها را
رَنگ زده اند
از پرنده اما
خبری نیست
سیمانِ
سبز
سیمان است

شیارِ ابر
مرا
به نقطهٔ نگاه
کشاند
من بودم
و
نور
که میرفت.
در بازار
آتش ای نیست
"من"
هیمه ای است
برای خونم
که
آتش است

ابرها
بی ماه
خاموش اند
پلکهایت
در خواب.
در اشتهای صحبت
با
اصلِ تو
خونم
به ساقه ها
نزدیک میشود

در سکوت
رودای است
که
جاری است.
در صدای
پرنده
سکوت است
در
آب.
در هرج و مرج من
هیچ ترنم ای
نیست
از سکوت
این لحظه را
با ترنمِ
رود
میسرایم

در مسیرِ
برگهای
پائیز
راه میروم
به
تابستان
پائیزِ پار
ممتد
خود را
به فصلِ بَعد
میکشانَد
در مناظرهٔ
دو همخون
داغیِ تابستان
میریزد

گلبرگها
خالی اند
از خورشید
پوستها
از خون
اینجا
بی نگاهِ آشنا
قلبِ من
حرفی است
بی صدا

خاموشی
آینه
در
همنشینی
شمعِ.
یک فشردگی
در من است
که
گلهای
مرطوبِ
سَحَر
نمیدانند
لحظه های
شمع
در شمارش اند
و آینه
خاک میخورَد

گل ای
تازه کاشته
در آنجا
نهال ای
به خاکِ باز
رسیده
در این تنهائی
برگها
با هم
حرفی گفتند
شاید
از
بارانِ فردا
یا
آفتاب
اما من
با چشمهای گیج
نگاه میکنم
که
فرومیریزند

سکوتِ
تو
در لابلای
شاخه ها
دعوتی است
به
شکستن.
نه روز
حجاب ای دارد
نه
شب
من
در حجابِ
شک
هر لحظه
میلغزم

انگشتِ کوچک ات
امتداد ریشه های
آن گیاهِ
تازه بود
منحنیِ نگاهت
رگبرگ.
گیاه
سبز
اشتیاقِ رشد را
زبانه میکِشَد
و تو
در زیرِ آفتاب
با همهمه ات
ساکت
نشسته ای

وزشِ برگ
در ذهنم
ابرازِ
ابر است
که
بی محابا
میریزد
طپشِ برگ
قلبِ منست
که با هوا
نه در پیوند است
جاری است
یکباره.
باران بود
که گفت:
از پیوند
مگو.

باران
از دوتائی
می گریید
و من
در ضربهٔ
نورش
به
هوا بودن
به
باران
و به
برگ
تسلیم شدم

برگ ای
که ریخت
با آب
رفت
ساقهٔ
برگهای
ایستاده
در آب
مانده است
سایه
ساکت است
در آب
هیاهوست
که
میرود
در این نگاهم
با سکوت
و
هیاهو
تنها
نگاهم

در ارتباطِ
پرنده
و
لانه
پرواز است
در انبساطِ گل
سرودِ
نوارِ
نور
با انعطافِ
لحظه
این قطعیتِ
فصول
هر بار
بی امان
می‌ریزد
سبز ای
که تیره شد
برگ ای
که افتاد
تا یک جوانه
با باد
گفتگو کند

خونم را
بر شاخه های سبز
دیدی
گفتی:
پرنده رفت
ایستاده بودم
بر شاخهای
بال
اما نگاه من
با خون تو
حرف میزد
با آن ترنمِ گرم
و دستم
از ساقه
میگذشت

ضربه است
یا
شتاب
در هستیِ
این درخت؟
هر چه هست
شاخه ها
پریشان اند
اما درخت
با تنۀ
سالدیده اش
جاودانه
درخت است

ضربهٔ نگاهت
ریزشِ
خونِ منست
در من
تو
با نگاهی
سکوت را
معمّای خون کرده ای
و آسان
چشمهایت را
میبندی
هجومِ
پرنده ها
از درخت
با نبضِ پلکهایت
پیمان دارد

در هوای
خاکی
هوای
خاک
ندارم
یک ضربهٔ
عجیب ام
در خود.
بیِ طاقتِ
سه بُعد
در مکعب ها
نشسته ام

و
با باد
بادِ خاکی
مخلوط میشوم
هوای تنفّسم
در این شهر
نیست

در ادغامِ
لاله ها
آتش است
در
ابرازِ
شقایق
فصاحتِ باد
این گلبرگهای
سرخِ
تازه
به هوای
زمینهای
دیگر
از ساقه ها
رفتند
و این باد
با
قساوتِ عشق
پُر
میوزد

شهرِ
موّقت
زمینِ
موّقت
و
قلبِ
منعطف!
سکوتِ من
پُر از
قطره هاست
و اینسان
خودم را
در فضاهای
موّقت
پُر از قطره
میکنم
تصویرِ تو
در این قطره ها
تکرار نیست
جاودانگی است
در من

خطوطِ
حیران
در فضاست
کاغذ هنوز
بی خطوط
سَر میکُند

شعرم
التهابِ
خطوط است
و التیامِ
خالی
بر کاغذ های
منتظر

حریقِ "من"
حاضر است
در
شاخه های
گذشته
امشب
شعله ها
به آینده
میکِشَند
در این
نسیمِ
حاضر
طغیانِ متصل
آتش را
تعریفِ
زندگی ام
میکند

کنارِ
پرنده های
زندانی
نشسته ام
در زمینِ
اینجا.
ایوانِ باریک
و
گلدانهای
صبح
و
نگاهِ
زمانِ
قدمهایم
در کوچه های
باز
آنجا
بمن
خیره است

آیا
گیاه را
از خاک
تهی میکنند؟
ساقه ها
از وحشتِ
ریشه های
بی تداوم

گلها را
میریزند
و ریشه
در ابهامِ خود
و خاک
خاموش است

در فضای
معلّق
خفقان
با هر نفسم
تضادِ
من است
که
با من
هنوز
بیگانۀ
فراری ام

چرخشِ
نگاهِ تو
تنت را
از شورش ای
میسوزاند
تا مرا
از خود
منقرض کند
در موجِ
تو بودن
هنگامۀ
تنفس است

بالهای
آویخته
در آفتاب
سپرهای
بی خیال اند
این
پرنده های
لحظه
نیاز ای
به دفاع
ندارند

هاشورهای
پَر!
صدای پرنده
در فضاست
در گرایش ام
به سنگ
آینه
میخندد

سنگ
آینه
و ناگهان
ابرازِ
اصلِ
ملتهب
چرا
نگاهم
نگران است
در
شادیِ
شناخت؟

برگ
در نور
و چشمهایت
پشتِ
برگ

برگ
نور است
سبز
و چشمهایت
سیاه
سبز اند
از رگهای
سرخ
تا
رگهای
سبز
در زمینِ
نور
راه ای نیست

آیا
آفتاب
به تبخیرِ
فکرم
نشسته است؟
آفتاب
همیشه
در این منحنیِ
خالی
شدید
میوزد

دیگر
نمی نشینم
در انتظارِ
ابر
روی
ماسه ها.

ماسه هارا
باد می آوَرد
تا
تپۀ
کنارم.
من را
شناخت
به سرزمینِ
ابر
میبَرد

شن
و
آفتاب
و
باد
بی
حضورِ ذهن ام.
باد
از روی شن
خالی
می‌رود

سایهٔ
ستاره
روی شن
افتاد
وقتیکه
شب
تاریک بود
و باد
خالی
میرفت
من
در آب
آبرا دیدم

با تارهای
نو
در گستردهٔ
سیاه
رها از باور
موهایت
طغیانِ
تغییر اند
و چشمهایت
به هر منحنی
نقشِ نیستی
میکشند

من
در رنگ ای
که نیست
محو میشوم

چرا ای
که من هستم
پاسخ ای ندارد
چرای
یک
حرکت!
بودنم
بی
چند و
چون
با پرنده
خوشحال است

انعطافِ
گچهای
قدیمی
آبیِ
کنارِ
چنارها

و
گذشتِ
سریـعِ
من!
تا منزلِ دیگر
یک
منِ
منعطف
بازهم
فراموش
میشود

و این سفر	موجودیتم		
در زمین ای	آن عنصرِ		
است	سیال ای	خاک	
هر لحظه	است	میشود	
دور	که	و لحظۀ	
و یکباره	باد را	دیگر	رهاست
نزدیک	میکِشَد	مذاب در	و ممتد
سفر	و رود را.	خورشیدی	از بُعدِ
در دو بُعد	و با نور	آشناست.	قدیم
آزاد	یکدست	سیالِ من	بی خط
از خطوط	است.	از حزنِ	کلام را
که در هم	این	آبهای شور	تا
میشوند	عنصرِ نوری	حزن است	آتی
گچهای	بطنِ	و	موجودِ
سفید	حروفِ	آب.	بی خط
و	موسیقی	و در لحظۀ	خط میکِشد.
آبی	است	خاکی اش	نور
و	و خونِ تو	از فرمانِ	که هربار
زرد	که در کلامِ	قلب	خلقت
موازی	خاک	تا	ای است
با برگهای	میریزد	چشم	
چنار میروند	نور ای که	پریشان	
یکباره		و	

قلعهٔ
قدیمی
در نور
با درختِ
انجیر
پیر میشود
اما
سنگهای
کهنه
پُر حرف اند
در سکوتِ
مرتفع.
صدای باد
صدای
حرکتِ
خون است
در
خاکِ
قدیمی

درختِ
انجیر
در حیاطِ
قلعه
تمامِ داستان را
بمن گفت
وقتیکه
نورِ غروب
با برگهایش
موازی بود
و باد
با
برگ
و نور
آشنا.
من
خونِ
صخره های
بریده را
در برگِ انجیر
دیدم

در زاویهٔ
هر سنگ
حضورِ
شکل ای است
بی شکل.
تماشا
در سیّاحان
از زاویه
نمیگذرد.
به باد
گوش کردم
و حضور
واضح بود

دهِ سنگی
و
برگِ انجیر
نورِ
هر غروب
از برگها
میگذرد
چیزی
پنهان نیست

در هر طرف
در این باغ
چند پروانه
غصه دار است
پروانه ها
با
بالهای سنگین
روی قیر
می نشینند
با
یاد ای
از
آتش

نیازهای
منجمد
حتی
در انتظارِ بهار
نیستند
از آتش
خبری نیست
و
گذشتِ فصول
ترتیبی
ندارد

از لای
کرکره ها
صبح میشود
آهسته
شب
در مباحثهٔ خون
و نیاز
تنها رفت

در هر طرف
پنجره ای است
به سیمانِ
روبرو.

هر پنجره
قاب.
در این تقاطعِ
قابها
شیشه های
سرد
در فکرِ
آبیِ وسیع
خاک
میخورند

آیا
انحنای نگاه را
باد
می‌بَرَد؟
یا
قضاوتِ
خود؟
لحظه های
سبک
با کف
میروند
سکوتِ من
نوازش ای
بر هیجانِ آب
ندارد

تکرارِ
قلعه ها
درکِ
تاریخ ای است
که
از خود
گریخت
از دیوارِ
این قلعه
فقط
سنگ ای ماند
که
فسیل ای
از
پَر
داشت

پرنده های
زندانی
در غروب
غمگین ترند
آفتاب
میرود
پَر
پشتِ میله ها
میمانَد

پرنده ها
در شب
کجا بودند؟
با رعد و برقِ تنها
باران
نماند
پلکهایم
با برق
آشنا بود
اما
صدای باران
در پشتِ رعد
گذشت
آسمان
سیاه بود
یا
آبی
وقتیکه
برق
میزد؟

لمسِ
ارتعاشِ
حضورت
وقتیکه
نیستی
دروغ نیست
کوتاهی
از چشم است
در
ندیدنِ
تو

برگِ
خانگی
و چشمهایم
در انتظارِ
باران بود
شب
رعد آگین
بی باران
گذشت

پروازِ
پرنده های
غریب
از
لبهایت
در
تند بادِ
نگاهِ
تو
بی منظور
نیست
درختِ انجیر را
تو
ساخته ای
در
تمامیتِ
آبادِ
این قلعهٔ
خراب
حاشیهٔ
کنگره های
بلند

مرا
میخواهد
که
به باد
بسپرد
مجذوبِ
تند باد
خونم
نه سقوط میفهمد
نه ترفیع.
من
اهتزازِ
پرنده های غریبم
در این
قلعهٔ
مِهرآگین

دستهای
پیر
در
دهکدۀ
کوچک
زمستان را
دوست دارد.
حیاتِ
زمستانیِ
دِه
دست ها را دید
که
فرو افتاد

زد و خوردِ
نگاهم
با دیوار
مرا
به سرزمینِ دور
نمی‌بَرد
افسوس ای
نیست
دیوار
میریزد
من
میگذرم

گذشته
هست
رود
میگذرد
من
در
رود
آرامشِ
روزهای
رفته ام

ابعادِ
غروب
روی دیوار
میریزد
شب
محابا ای
از آفتاب
ندارد
وقتِ طلوعِ
شب
زمان ای است
رفته

لحظه های غروب
تا شب
طویل شد
روز اما
چه زود
رفت
فردا
دیگر
نه
جمع میشود
نه
تفریق
وقتیکه
لحظه
حاضر است

با ستاره
آشنا
نیستم
نه اینکه
ابر
حاضر است
حرف
از غیبتِ
نگاه است
در
تداومِ
نور

لحظه های
مشوّش
در
آفتاب
و
گرد.
تمامِ شهر
مضطرب است
با
نگاهِ
تندِ
من

در این
آفتاب
قبیله های پیر
خسته
در هم
میریزند
قبیله های
بزرگ
در باد
میپوسند.
تا شب
در وسعتِ بیابان
باد
مانده است
و
من

چند خانه
در
خاکستر
نگاهم
در
مِه.
آفتاب
خانه ها را
برد

صدای ابر
بعد از
سکوتِ
طولانی:
باران بود.
صدای پرنده
بعد از
تمامِ
شب.
در هیاهوی
مدامِ من
با من
هیچ گیاهی
سبز
نشد

تراوشِ
خون
از نگاه؟
در زمانِ
تقدیسِ
سیمان
حرف از نگاه
بی معنی است
و عصارهٔ
خون
مدتهاست
تبخیر شده.
از این قلم
چه می‌ریزد؟

در این
چرخشِ
خاک

ابر
یا آبی میشود
یا
آب.
من
در هجومِ
سیمان
و استدلال
با پوست
و
خون
نشسته ام

در شب
حرفهائی است
که
پرنده
میفهمد
بر شاخهٔ صبور.
شب
بی سفیدی
میداند
رود ای
در گذر است
انتظارِ
ورودِ
صبح
ندارد

صبحِ
تشویش
بَعد از
خوابهای
سراسیمه
خون
معترض
میچرخد
و ضربه های
خستهٔ
سرخ
به دیوارِ
استدلال
میپاشند.
در خانهٔ
کوچکِ
گوشتی
تزلزل است
ذرّه ها
میدانند
پرنده
بی محابا
میپرد

هر پرواز
انقلاب ای است
بی
مقام.
پرنده های
سفید
بی خیال
آبی را
گرفته اند
کسی
فرمان نداد
پرنده های
هم پرواز
رها
رفتند

هر قطره
سرخ
مداوم
در من
می‌ترکد
در این
انقلابِ
مستمرِ
ستاره‌ها

پر کلام
حرفی
ندارم؟

خرزهره
خاک
و
خورشید
در تقاطعِ
مدامِ
قدیمی
در من
راسب اند
نهایتِ
باغهای
خاک
در باد
خرزهره هاست
در این
شهرِ
کسالت
و
فرمان

ماه
در این شب
پاک میشود
بی
ابر
شب
نقطهٔ
سیاه ای است
کنارِ
شاخه ها
من
به آینه های
تاریکِ
خود
نگاه میکنم

بالاخره
مِه
اینجاست
در پشتِ مه
اما
میدانم
سیمان
محکم
ایستاده است

برگ
از ماه
میگذشت
در نگاهِ
ماندگارم
حزنِ
قدیمی
مطمئن
نشسته بود

پرنده
در آهنِ
آویزان
میداند
این مِه
بی باران است
و صبرِ او
تجربه ای است
در
جانشینیِ
آرامِ
مِه
به خاک

در شهرِ
حرفهای
مکرّر
زیر آفتاب

باد
در پرچمها
می‌چرخد
صداهای
ماسیده
بر آشکالِ
ناهنجار
خود را
نمی‌شنوند
حرکتِ باد
در این
پرچمها
محزون است

شتابِ
آب
به ماسه‌ها
برای چیست
یک لحظه بَعد
آرام
به خود
فرومیریزد

پلک ات
زیرِ
سایه های
سنگین است
سایهٔ
پلکهات
سبک
نور
به حفره های
قلبم
میریزد

آنهمه
قرونِ خسته
مرا
بجا گذاشته اند
در این
فضای
نا مأنوس.
وحشت
در باد ای
که
میگذرد
و
در شبی
که
می آید
وحشتِ
ممتدِ
من است

صبحِ
سفید
پرنده
از طارمی
رفته بود
گچهای
سفید
گفتند:
پرنده
سفید
بود

شب
پُر از
صداست
بی
ستاره.
با بوهای
مرطوب
تا صبح
دانه
دانه
نفس
می کشم

کاسهٔ
شیر
ضربه‌ای دیگر
در حضورِ
صبح
یک درخت
در
دهکده
و اینبار
چه بیابان ای
در من
وسیع میشود
مسیرِ
بیابان را
با آبهای شور
میروم

به هاتف

آیا
باد
صمیمی است
وقتیکه
از روی سیمان
می‌آید؟
من
رشدِ آجر را
بر جدارِ ماه
دیده ام
اینجا
در هر گلبرگ
دانه های
ماسه است
و در خونِ ساقه ها
سیمان
آزاد
میچرخد
چطور
در زیرِ
این باد
می نشینی؟

گُلِ زرد
در اطاقِ
تیره

صبحِ
ساکت بود
کنارِ سبزهای
آرام

زرد
و
سبز
با خونم
یکی میشدند.
در این ریزشِ آهنها
هنوز
آرام ام

پشتِ پنجره
سیمان است
پشتِ پلکهایم
درختی
میروید
با گذشتِ
آهنگ.
برگهای
باد
شاخه های
ستاره
ریشه های
من

صدای
طاقهای
مورّب
ساده نیست.
در تماسِ
پوست
و فلز
و کبوترهای
معتاد
به آفتابه ها

صدای حاکم
از پشتِ
قرونِ جهالت
می پیچد

آبهای شور
دستهای فلزی را
به ارتفاع
برده اند
مسیرهای حافظه
فرسوده بود
وقتی که
آن صدا
قائم شد

این خونِ
آرام
به دریا
متّصل است
و چه بادِ
بی
مبدأ ای
میوزد.

باد
از روی
آبهای
شور
و نگاه های
فروریخته
گذشته است

انتها ای
برای خونم
نیست
طپشِ
دلهای
قرون
از لحظه های
خشم
و افسوس
جریان ای
ماندگار
دارد

حوض های
مقدس
و آفتابه های
زنجیر
رها
با سکّه ای
در انتظارِ
خود فروختگانِ
به موهوم
نیستند
شدآمدِ
دائمِ
فریب
از کنارِ
سطورِ
پوسیده

تسلّیِ
آبهای
راکد است
خود فروختگان
به ابهام
خونشان
در مسیرهای
مطیع
فرو میریزد

و
آفتابه های
سر افراز
کنارِ
آبهای
تبرّک
آفتاب
میگیرند

تلاطمِ
نامعقولِ
خونم
از چرخشِ
نگاهِ
توست
و ابرازِ
چشمهایم
از قلبِ
باستانی است
شکستِ سیمان
سهل است
حالا
که خون
از بی هراس ای
از دانستن
ترا
باز یافته است

تارهای
سفید
از
بی خود ای است
آرام
لحظه
از معنیِ زمان
خالی میشود

و من
در تلاطمِ خود
تکثیرِ
تارهای
سفید را
میبینم

خون
در ساقه های
گُل
میداند
باران
نزدیک است
آفتاب
در شتابِ باد
ایستاده

وقتی
نگاهت
بمن
میرسد
پایداری
ادعای
گذشته است
فلسفهٔ بودنم
خنده ای است
بر
لبهایت
کدام دلیل
در آتش
میپاید؟

در شهرِ
شیمیائی
با بوی
سوختن
بیدار میشوم
شستشو
در آبهای سنگین
شاید
که
یادِ گلبرگها
مرا
به خواب
بَرَد

بدنبالِ
آینه ای
رفته ام
که تاریکی
حجابِ
تصویرش
نیست

هوا
هنوز
روشن است

اتصالِ
ابر
و
خاک
صدای
ریزش است
آرامش ام
از رسیدن
به
نسیم ای است
که از این
باران
برخاست

جرقه
در باد
از شعله
رفته
هنوز
با اصلِ خود
روشن است

باران
بی درخت
کنارِ سیمان
بی صداست
باران
جوی های
خود را
میرود
ساکت.
و سیمان
در آبی
قد میکِشد
بوی خاک
نیست

انقلابِ
آفتابه ها
صحنِ
جهالت را
چراغان
کرده است
آفتابه های
پُر
از حوضهای
رَنگ
به نمایش
ایستاده اند
نوکِ
کبوترهای
معتاد
از آبهای
رَنگ
سرخ است

صدای ناقوس
در مِه
و قلعهٔ
منزوی
در
کبوتر.
سکوت°
قلعه را
در مِه
گم میکند
پروازِ مِه
در کبوتر
اشاره ای است

یخ
در هواست
با پوستم
ملاحظه ندارد
شب
از یخ
و
تاریکی
پُر است
من
خالی
از نقطهٔ
رجوع
تنم را
به باد
میدهم

باد
در من
نشسته است
ویران!
من
در باد
میوزم
شورش
از کیست؟

گلبرگ
در فکرِ پائیز
نبود
وقتی که
ریخت.
بارانِ وحشی
از بهار
آمد

انگشتهایت
هجومِ
گذشتهٔ
منست
ممتد.

و بارش
وقتی است
پُر هراس.
پوستِ منطقی ام
با تماسِ
انگشتهایت
در هوای حزن
آشفته میشود

بوی شیراز
از ارتفاعِ
سروده های
صوفی
در خاکِ افق
ریخت
من
در تابِ بید
پریشانیِ
باغها را
هر لحظه
از مرزِ خاک
و پوستم
میگذرانم
عاطفهٔ شیراز
کلام را
در خلقتی دیگر
آشفته میسازد

باد
زمان
و
من
در خود
میوزیم
اصلِ آتش
یکی است

پوستِ
منطقِ
من
در وزشِ
وحشیِ
بال
دوام ندارد.
خون
جهش را
میشناسد

نفوذِ آهن
به سنگ
نا ممکن بود
قلعه
در مِه
ایستاد
و
در باد
اما
پوشپرها
از پرنده ای
که رفت
پیچ و خمهای
قلعه را
گرفتند.
حیاطِ قلعه
و
یک درخت

ستارهٔ
تند
در فضاست
چای میخورم
و
نزدیکتر میشود
نگاهم
از گچ
میگذرد
با حروفِ
آهنگ ای
که
ساخته ام
سفر میکنم

من
و
ستارهٔ تند
و
یک لحظهٔ
نگاه

ابر
ایستاده است
میگویم
شاید ببارد
پرنده
میداند
با بالهای
آرام
میگذرد

مسیرهای
ابر
ناپایدارند
خطوطِ آفتاب
اینجاست

و
بازیِ
باد.
نگاهم
با مسیرهای
پریشان
همساز است

صدای
کلاغها
ارتباطِ
شاخه های
بی برگ است
شاخه های
زمستان
از صدا
پُر اند

لحظهٔ
شاخه های
لُخت
و
دانه های
سرخ.
گذشته ام
حاضر است

صدای
نرمِ آتش
در بالِ
آن
پرنده است
که
نزدیک میشود
من
در کنارِ آتش
پرواز را
میبینم

کنارِ آتش
بعد از
سه سال!
بدنبالِ آتش
با آتش ای
در کوله بارم
به راه های دور
نشستم.
پشتِ
پنجره
پرنده های
زمستان
که میروند
چه ساده
میدانند
هر پوشپر ای
آتش ای
دارد

صدای
پرندهٔ کوچک
در تاریکی
و شاخه های
تسلیم
در
یخ.
آرام
صبح میشود
بالهای آتش
در پروازند

صدای
بالهای
آتش
در موجهای
دریاست
ماه
می‌آید
و موجها
در من
میشنوند

راحت
نشستن
توقف ای است
برایم
کنارِ
آتش!
بالهای آتش
میروند
و من
نشسته ام؟

تاریک بود
سفید میشود
پرنده ای
ساکت شد
پرنده ای
میخوانَد
و شاخه ها
در سفید
بیدارند
منحنی های
خونم
در فکرِ
پریدن اند

صدای
بالهای
آتش
در شاخه های
صبح
صدای
صبح
در منقارِ
پرنده های
خاموش.
سبزه های
صبح
در شب
جوانه میزنند
رگهای من
در خود
گره خورده اند
تنها
نگاه میکنم

با صدای
قطار
آهسته
صبح میشود
داستانِ
شاخه های
صبح را
میشنوم

لحظهٔ
کلاغ
در
سبز و خاکستری
وقتیکه
شب میشود
و من
بازهم
قدم میزنم
خورشید
در قطبِ
دیگر است

ماه
در ابرِ نازک
بی جدار است
پاهای من
در
هر قدم
من را
به خاک
میکشانند

ماه
نقطۀ
سیاه ای است
پشتِ
شاخه های
بلور.
صدای پایم
روی خاک
محو میشود

ماه
در چهارچوبِ
ابر
بی حاشیه شد
من
در میله های خود
ماه را
میبینم

در سکوت°
برف
آب میشود
خانه ام
کنارِ
برف است

ابر
و
شیشه
و
شاخه ها
در زندگیِ
عریانم
همیشگی اند

شاخه
با
پرواز
و
شیشه
با
باران
مرا
به ابر
میخوانند

پروازِ
ستاره
آنسوی
ابرهاست

پرِ
پرندۀ
قدیمی
در کنارِ
آتش
من
اجزایم را
باز یافته ام

هراسی
از خاموشی
ندارم
آتش
و
خاکستر
در من است
و من
باد اَم
در تماسِ
خاکستر
و
زبانه ها

تمامِ
آشکالِ
آشنا
با تیغهایشان
ایستاده اند
من
خونم را
ابراز کرده ام
گرم
اما
لبهٔ تیغها
سرد است

هراسم
از تیغهای آشنا
نیست
اندوهم
از سردیِ
لبه هاست
زبانهٔ آتش اما
کنارم است
و من
از دوست ای
خالی میشوم

ناگهان
در یادِ
درختانِ
آرامِ
دور ام
در این
بادِ
پر شتاب
قدمهایم
در کوچه های
آشنای
بهار

میروند
که
در دوُر
با شکوفه ها
باز اند

سکوت
بعد از
حادثهٔ
برف
در تقاطعِ
شاخه ها!
باد هم
بی صدا
میگذرد
من
با سکوتِ برف
آب میشوم